Émile Blanchard

La vie dans les profondeurs de la mer

essai

ISBN : 978-1539627944

10 9 8 7 6 5 4 3 2 1

Émile Blanchard

La vie dans les profondeurs de la mer

essai

Table de Matières

Section I

Dans ces dernières années, des explorations du lit de l'Océan ont été effectuées en différentes parties du monde, et aussitôt un champ d'études d'un genre tout nouveau est apparu. Sur le mouvement et la distribution de la vie, des clartés que personne n'attendait ont jailli d'une façon presque soudaine. Les abîmes regardés comme inhabitables ont été reconnus le séjour d'une multitude de créatures appartenant aux types les plus variés ; les êtres dont l'existence restait ignorée ont été recueillis à profusion, des animaux qu'on croyait éteints depuis des époques fort anciennes ont été trouvés vivants dans ces grandes profondeurs de la mer, des espèces qui avaient paru confirmées sur des espaces restreints ont été observées sur de vastes étendues, et les causes d'une dissémination improbable avant les découvertes récentes ont été souvent déterminées. Dans un autre ordre de faits, la lumière a également surgi : des indices certains de la manière dont se sont constitués les terrains et les roches d'anciennes formations géologiques ont frappé les yeux des investigateurs. L'œuvre de recherche commence à peine, et les matériaux, déjà rassemblés en nombre considérable, promettent, dans un avenir prochain, des résultats immenses pour la connaissance des conditions de la vie animale, des phénomènes géologiques et de la physique du globe.

Depuis longtemps, des naturalistes étudient les animaux marins avec une prédilection justifiée par l'intérêt scientifique, et facile à comprendre pour ceux qui ont seulement entrevu les formées admirables sous lesquelles la vie se manifeste près des rivages ou à la surface de l'eau. Un homme entièrement voué à l'étude du monde de la mer, un professeur d'Édimbourg, Edwards Forbes, mort trop tôt pour avoir pu prendre part aux investigations qui ont procuré des notions toutes nouvelles sur les êtres répandus dans le lit de l'Océan, a justement exprimé les sensations du penseur en contemplation sur la grève que le flux abandonne par degrés. « Quelle page d'hiéroglyphes se déroule ! dit Edwards Forbes. Chaque ligne du sol ou du rocher a pour caractères particuliers des figures vivantes, et chaque figure est un mystère ; les apparences peuvent être décrites en termes précis, le sens intime échappe à la pénétration de l'esprit humain, » Le philosophe songe aux

Émile Blanchard

nombreux problèmes que soulève la présence du misérable escargot rampant sur l'algue mouillée. La naissance, les métamorphoses, la croissance, la reproduction de l'individu isolé, fournissent matière à des recherches infinies et à de longues méditations ; mais l'histoire de l'espèce, absolument voilée à l'origine, paraît presque sans limites. Examiner les signes distinctifs, les traits d'organisation qui éloignent ou rapprochent cette espèce d'autres créatures plus imparfaites ou mieux conformées, s'efforcer de comprendre la raison de l'existence de l'animal dans une région plus ou moins circonscrite, suivre cet animal dans son extension géographique, dans ses migrations, dans ses rapports de voisinage avec tous les êtres qui vivent aux mêmes lieux, retrouver ses traces dans les âges antérieurs, telles doivent être les préoccupations de l'observateur. Une chétive espèce dira les changements survenus dans la configuration des terres et des mers. Le mollusque ou le zoophyte, qui ne s'écarte jamais du rivage, rencontré sur les côtes d'une île lointaine, apprendra que cette île a été séparée du continent vers une époque médiocrement reculée ; le crabe ou l'annélide, qui habite des localités distinctes, apportera la preuve d'une ancienne communication entre deux mers. Lorsqu'une seule créature peut devenir ainsi la source d'enseignement de la plus haute portée, le désir ardent de connaître dans l'ensemble les prodigieuses populations du la mer est bien expliqué. Au milieu d'un pareil monde, l'emploi d'un savoir spécial ou d'une vue particulière rend féconde toute étude sérieuse. Les animaux invertébrés de la mer appartenant à chaque groupe naturel offrent dans les détails de l'organisation et dans les phases du développement une diversité qui n'existe pas au même degré chez les animaux terrestres. Depuis un demi-siècle, la science s'est enrichie d'une suite de travaux importants sur les particularités de conformation et sur les métamorphoses des êtres marins, et néanmoins le type un peu délaissé qui tombe aux mains d'un investigateur habile est presque toujours le sujet de quelque révélation d'un intérêt considérable.

Au temps des grandes marées, à l'heure où l'Océan recule de façon à découvrir un espace immense, se montre tout entier ce tableau sublime qui inspirait Edwards Forbes. Au bord, sur les roches que l'eau atteint à peine durant une partie du jour et de la nuit, vivent les espèces indifférentes à l'action de l'air et de la pluie : les balanes, complètement fixées sur la pierre, — les patelles, dont la coquille affecte la forme d'un cône évasé, — les buccins ondés et les littorines, ressource alimentaire presque inépuisable des habitants pauvres de la Normandie et de la Bretagne, — les actinies rouges ou les anémones de mer. Un peu plus loin, sur les parties sablonneuses, sautillent des crustacés du groupe des crevettes ; des trous indiquent le séjour de certains mollusques à coquille bivalve, des monticules trahissant la présence de plusieurs sortes d'annélides : les arénicoles, gros vers marins de couleur olivâtre portant de délicates branchies, — les cirratules, dont la tête est pourvue d'une multitude de filaments qui se pelotonnent, se contournent ou rampent dans tous les sens, — les sabelles, emprisonnées dans des tubes. Au-delà, se montre souvent une végétation serrée ; c'est la zone des plantes marines que l'on désigne sous le nom de laminaires. Ici le champ d'exploration est merveilleux, la vie est partout : les mollusques abondent, les zoophytes, les vers de tous les genres fourmillent ; sur les algues se traînent lentement des mollusques sans coquille qui peuvent être comptés au nombre des êtres les plus ravissants, tels que les doris et les éolides. En certains endroits, une végétation d'une teinte assez claire attire l'attention ; ce sont les prairies de zostères, où les animaux se trouvent semés à profusion. Plus loin, se dessine une nouvelle zone caractérisée par la présence des algues encroûtées que l'on appelle les corallines. Au milieu de ces plantes vivent des polypes et une foule d'animaux qu'on ne rencontre jamais plus près du littoral. Au moment des plus fortes marées, on n'en saurait voir davantage ; mais il a été facile encore, avec les filets et les dragues, de reconnaître une zone peuplée de coraux, de madrépores et d'une infinité d'espèces qui se tiennent constamment à distance des côtes. Dans la Méditerranée, la distribution des êtres est analogue ; seulement le spectacle reste caché. Ainsi, de même qu'en s'élevant sur la montagne, en descendant vers les profondeurs de la mer, on distingue nettement des régions que caractérisent la flore et la faune, régions sans limites précises, il est vrai, et cependant non moins réelles que les étendues géographiques, car à côté des plantes et des animaux, dont la dissémination est extrême, il existe des espèces qui semblent incapables de se soustraire à des conditions de séjour strictement déterminées.

Émile Blanchard

Jusqu'à l'époque actuelle, il était possible de croire qu'on avait une connaissance générale des populations de l'Océan, parce qu'on avait visité les côtes et observé les animaux nageurs qui s'égarent en haute mer. Quelques incidents ont suffi pour montrer l'erreur. Alors des explorations régulières ont été entreprises, et les découvertes sont venues. Faut-il le dire ? la France n'a pris aucune part à ces recherches pleines d'intérêt. De notre temps, des hommes de science ont eu la volonté d'accomplir une œuvre considérable, mais jamais les moyens d'exécution n'ont été obtenus. Pour explorer le fond des mers, il faut des engins très parfaits, des navires montés par des équipages un peu nombreux ; le concours de la marine est indispensable. En Angleterre, en Suède, aux États-Unis, des vaisseaux ont été mis avec empressement à la disposition de naturalistes qui avaient signalé l'utilité d'opérations propres à éclairer sur la nature du fond de la mer ; pareille fortune n'était réservée à personne parmi nous. Autrefois des expéditions quittaient nos ports pour aller vers des parages lointains, afin de recueillir des notions exactes sur quelques parties du monde. La France prenait un vif intérêt à ces entreprises, et se sentait honorée quand la moisson avait été heureuse ; mais est venu l'oubli de la gloire passée, et tandis que des esprits éclairés étaient encore agités par de nobles aspirations, l'indifférence générale les condamnait à n'avoir qu'un rôle effacé dans le mouvement auquel se livraient ailleurs des hommes d'étude.

Pourtant, au siècle dernier et dans le siècle actuel, la marine avait été appelée d'une manière presque incessante à contribuer aux progrès des connaissances humaines. Le 1er août 1785, La Pérouse, muni des instructions que tous les savants avaient été invités à fournir, partait pour une campagne de découvertes, ayant à son bord le naturaliste Lamanon. Après plusieurs années d'un silence qui faisait présager la fin malheureuse de l'expédition, suivant le désir exprimé par la Société d'histoire naturelle de Paris, l'assemblée constituante décrétait, le 9 février 1791, un voyage maritime pour rechercher les traces du navigateur, et le chevalier d'Entrecasteaux était désigné pour commander deux navires sur lesquels s'embarquèrent plusieurs savants, dont le mieux connu est le botaniste Labillardière. En 1800, c'est le capitaine Baudin qui reçoit la mission de constater la reconnaissance des côtes de la

Nouvelle-Hollande et d'emmener les zoologistes Pérou et Lesueur. Il y a un temps d'arrêt, car la guerre est un obstacle ; mais, aussitôt la paix rétablie, on estime qu'il appartient à la France de reprendre l'œuvre interrompue. Dès l'année 1817, Freycinet, commandant les corvettes l'*Uranie* et la *Physicienne*, mettait à la voile pour un voyage d'explorations autour du monde. Partaient ensuite Duperrey avec la *Coquille*, Dumont-d'Urville avec l'*Astrolabe*, La Place avec la *Favorite*, Dupetit-Thouars avec la *Vénus*. On envoyait des navires dans les mers du nord, et des savants étaient chargés d'étudier les côtes de l'Islande et du Groenland. Enfin Dumomt-d'Urville devait conduire l'*Astrolabe* et la *Zélée* dans les mers du sud, et rencontrer la terre Adélie. Dans ces expéditions se distinguèrent les membres du service de santé de la marine : Garnot, Lesson, Gaudichaud, Quoy, Gaimard, Eydoux, Souleyet et d'autres encore. Les voyages de circumnavigation eurent de sérieux avantages pour les sciences physiques et naturelles, et si des hommes spéciaux avaient toujours été appelés à y prendre part, ils auraient procuré des résultats d'une importance autrement considérable. Tout s'est trouvé abandonné le jour où les progrès dés sciences allaient permettre de rendre les expéditions maritimes plus fécondes. Il y a peu d'années, mû par l'espoir de réveiller le goût des découvertes, nous avons cherché à remettre en mémoire les anciens services de la marine pendant les campagnes d'exploration, nous avons exprimé le regret de manquer aujourd'hui d'un concours nécessaire pour l'exécution de travaux qui seraient un honneur pour le pays.[1] L'appel n'a pas été entendu. L'idée de disposer d'un navire pour des études scientifiques n'était plus de notre époque.

Section II

Une opinion fâcheuse, parce qu'elle était décourageante pour la recherche, s'était propagée. Ou regardât comme très probable l'absence d'êtres vivants dans les grandes profondeurs de la mer. Les preuves faisaient défaut, et l'ignorance se dissimulait involontairement par des explications capables de satisfaire l'esprit.

---

1 Nous avions à signaler les observations d'un officier de marine, M. Henri Jouan, qui avait mis à profit son séjour en différentes parties du monde pour recueillir une foule de renseignements utiles sur les productions naturelles.

Émile Blanchard

Les raisons de croire le lit de l'Océan absolument inhabitable paraissaient nombreuses. On songeait à la pression énorme qui devrait écraser tous les corps, à la température très basse, à l'obscurité sans doute complète dans les abîmes. À la vérité, les hommes de science, encore incertains, gardaient une prudente réserve ; mais par malheur quelques observations insuffisantes et trop aisément généralisées semblèrent confirmer toutes les suppositions. Edwards Forbes, si justement estimé pour ses connaissances du monde de la mer, avait déclaré que ne la vie cessait vers la profondeur de 500 mètres. Le professeur d'Édimbourg, ainsi M. Mac-Andrew, avait fait draguer sans succès dans la mer Égée ; il n'en avait pas fallu davantage pour former la conviction de l'investigateur. Par suite de conditions toutes locales, Forbes avait vu le nombre des animaux décroître avec l'augmentation de la profondeur. Sans avoir atteint au-delà de 230, brasses,[1] environ 420 mètres, il s'était imaginé qu'à peu de distance la solitude était entière. On opposait bien au sentiment du zoologiste écossais quelques assertions contradictoires ; mais, comme ces assertions ne reposaient pas sur des faits observés avec rigueur, on y attachait peu d'importance.

Les hydrographes américains, préoccupés de l'établissement d'une communication télégraphique entre l'Europe et le Nouveau-Monde, venant à opérer des sondages avec des précautions qu'on n'avait jamais prises jusqu'alors, tirèrent de profondeurs qui variaient de 1,800 à 2,700 mètres des myriades de spicules d'éponges et une infinité de dépouilles d'êtres microscopiques. Ces débris furent soumis à l'examen d'un micrographe fort habile, M. Bailey. Telle est la force d'une croyance enracinée que le savant, un peu troublé par le doute, inclina, néanmoins du côté de l'erreur. Il pensa que seules des dépouilles entraînées par les courants avaient été déposées dans les parties les plus déclives du bassin, et que les animaux avaient vécu en d'autres lieux. Les sondages se multipliaient, et toujours la vase ramenée des grandes profondeurs se montrait abondamment peuplée des animaux microscopiques que l'on désigne, sous les noms de *Foraminifères* ou de *Rhizopodes*. Ces êtres, de l'organisation la plus simple, occupent dans la nature une place inimaginable. Les coquilles des foraminifères

---

1 Il s'agit ici de la brasse anglaise, *fathom*, qui équivaut à 1^m,82877.

entrent pour une part énorme dans la composition des roches sédimentaires ; elles abondent dans le sable du littoral, elles comblent des ports et des golfes. Longtemps les animaux mêmes échappèrent à l'observation, et seules, ces petites coquilles, quelquefois simples, mais généralement formées de plusieurs chambres criblées de trous, étaient le sujet d'études attentives. Les êtres qui, habitent de pareilles demeures semblent consister en un tissu homogène, gélatineux et susceptible de s'étirer dans tous les sens ; c'est ainsi que sortent par les trous de la coquille de minces filaments servant à une locomotion dont la lenteur est extrême. Parmi les foraminifères, il y a des genres nombreux ; mais nous aurons surtout à citer les globigérines, dont la coquille présente une spire tournée obliquement, et les orbulines, dont la coquille n'a qu'une seule loge. Un professeur de Londres, M. Huxley, ayant eu l'occasion en 1857 d'examiner une certaine quantité de vase recueillie à des profondeurs comprises entre 3,000 et 4,400 mètres, trouva la masse composée de 85 pour 100 de globigérines, et, pour le reste, d'autres foraminifères, de divers débris d'organismes inférieurs et de particules minérales. La conviction que les globigérines, extrêmement abondantes dans les terrains crétacés, vivent aujourd'hui dans les abîmes de l'Océan fut acquise par l'habile zoologiste ; cependant elle n'entra point encore dans tous les esprits ; en l'absence d'observations précises, ne pouvait-on pas admettre que les rhizopodes flottent près de la surface de l'eau et ne tombent au fond qu'après la mort ? Mais les incertitudes au sujet de la vie dans les grandes profondeurs de la mer ne devaient plus tarder à disparaître. On s'occupait activement en Angleterre des études préliminaires pour la pose du câble transatlantique, et en 1860 le docteur Wallich, ayant pris passage sur un des bâtiments affectés à l'exploration du lit de l'Océan, apporta bientôt la preuve que la mer est habitée à d'immenses profondeurs. Sur une vaste étendue, on trouva une matière de consistance molle remplie de foraminifères morts ou vivants qui appartenaient pour la plupart au genre des globigérines, et il fut bien reconnu que ces animaux, incapables de flotter, ne se rencontraient en aucun cas sur les fonds élevés. Des êtres d'une organisation simple comme celle des rhizopodes existent-ils donc seuls dans les abîmes de l'Océan ? Les observations de M. Wallich ont appris qu'il en est autrement. À la

Émile Blanchard

profondeur de 814 mètres, on obtint deux crustacés ; au-dessous de 1,240 mètres, plusieurs de ces charmantes annélides tubicoles qui s'appellent des *Serpules* et des *Spirorbis*. Des zoophytes de la classe des échinodermes furent pris à la profondeur de 2,195 mètres, notamment de nombreux individus d'une sorte d'étoile de mer (*Ophiocoma*) de couleur rouge ou violette, et tout aussi richement peinte que les espèces répandues près du littoral. Ces zoophytes avaient l'estomac plein de globigérines, et la communauté de séjour était ainsi démontrée. M. Wallich n'eut pas la facilité de poursuivre ses recherches ; mais il comprit que ses observations seraient un point de départ dans l'étude de l'histoire naturelle de la mer.

Bientôt une circonstance permet de constater que des madrépores et même des mollusques existent dans la Méditerranée à 2,000 mètres au-dessous de la surface. Un câble destiné à relier la côte d'Alger à l'Italie avait été descendu dans la large vallée sous marine qui est située entre Cagliari et Bône. Deux ans plus tard, il fallut relever ce câble, et l'opération ne put être effectuée sans accident ; le câble se rompit. Des tronçons ramenés de la profondeur de 2,000 à 2,800 mètres étaient chargés d'animaux ; ils tombèrent aux mains de M. Alphonse Milne Edwards, qui reconnut plusieurs polypiers et différents mollusques complètement fixés. Il y avait une sorte d'huître (*Ostrea cochlear*) que les corailleurs pèchent ordinairement à 100 ou 150 mètres, des mollusques du genre des peignes, d'autres de la classe des gastéropodes réputés très rares, et des polypiers du genre caryophyllie. L'un de ces derniers avait été signalé précédemment à l'état fossile dans le terrain supérieur du Piémont et de la Sicile ; une seconde espèce qu'on n'avait pas encore observée vivante parut identique avec un fossile d'Algérie ; enfin un autre polypier ne se rapportait à aucune forme connue.

Des faits inattendus et pleins d'enseignement venaient d'être mis au jour d'une façon presque accidentelle. Ces faits, encore isolés et peu nombreux, avaient une importance capable de frapper tous les yeux : ils renversaient des idées fausses, et, dans des proportions déjà très sensibles, ils élargissaient le champ des connaissances humaines. C'était le début d'un nouveau chapitre de l'histoire du monde physique. On avait la certitude d'obtenir des résultats de la plus haute portée en poursuivant avec méthode les explorations du lit de l'Océan ; c'est alors que des naturalistes, voyant en espérance les découvertes se succéder, commencèrent à se mettre à l'œuvre. L'Association britannique, instituée pour le progrès des sciences, forma un comité qui reçut la mission de poursuivre des recherches sur les fonds de la mer. M. Gwyn-Jeffryes fut l'organisateur actif et habile de l'entreprise. Pendant les premières années, les moyens dont on disposait étaient encore faibles ; mais on sut en tirer bon parti, et la voie fut préparée pour des travaux plus difficiles.

La première pensée qui s'offrit fut de reprendre dans des conditions nouvelles l'étude de la flore et de la faune des mers britanniques. Sur les côtes de Cornouaille et de Devon, on promena la drague jusqu'à la distance de 20 milles (environ 37 kilomètres) du rivage, en des endroits où la profondeur n'excède pas une cinquantaine de brasses. Cette exploration ne pouvait guère jeter de lumière que sur la distribution géographique des espèces, mais ce résultat ne fit pas défaut. Outre la plupart des animaux déjà observés sur les côtes d'Angleterre, on recueillit des espèces regardées jusqu'alors comme propres aux régions arctiques et quelques-unes aux parties méridionales de l'Europe. Ces dernières n'offraient pas de différence sensible avec les individus qu'on pêche dans la Méditerranée, tandis que les premières, par la taille et par la coloration, présentaient tous les caractères d'un appauvrissement. À cette remarque intéressante s'ajouta l'observation curieuse que les animaux des régions méridionales, venant près des côtes d'Angleterre, se tenaient généralement à de grandes profondeurs et les espèces boréales dans les eaux basses. Le canal de la Manche semble être la limite extrême de deux faunes très distinctes.

Les investigateurs anglais explorèrent avec une grande persistance la mer qui baigne les îles Shetland. Cette partie de l'Atlantique est sujette à de violents mouvements de l'atmosphère ; c'est un point où l'air chaud amené par le *gulf-stream* se heurte avec l'air froid provenant du courant arctique, et par suite de cette circonstance la faune acquiert un intérêt exceptionnel. Des animaux des mers chaudes se laissent entraîner jusque dans la région froide, où viennent en même temps des espèces qui appartiennent essentiellement aux régions polaires. Au voisinage du petit archipel situé au nord de l'Écosse, on doit s'attendre à essuyer fréquemment la tempête, même en été, à éprouver des difficultés continuelles pour l'exécution des travaux de recherche, à endurer bien des

Émile Blanchard

souffrances. Heureusement les hommes de science comptent rarement avec la peine quand ils sont animés par l'espoir de faire des découvertes. En traçant le récit de sa huitième expédition au nord des îles britanniques, qui avait duré plusieurs mois de l'année 1868, M. Gwyn-Jeffryes dut songer néanmoins avec tristesse aux orages incessants qui avaient mis tant de fois obstacle aux opérations, lorsque ses amis d'Angleterre, d'Irlande et d'Écosse jouissaient d'un air calme et d'un beau soleil ; mais, à côté des regrets, la satisfaction devait éclater. « Chaque mille carré de la mer, dit M. Merle-Norman, l'un des compagnons de M. Jeffryes, semble avoir à livrer des trésors ignorés avant nous, et l'immensité des richesses qui reposent à la profondeur d'une, deux, trois ou quatre cents brasses ne sera peut-être pas connue de nos jours. » Dans chaque campagne, on rencontrait des formes nouvelles, on apprenait à mieux connaître la distribution géographique de certains animaux signalés comme habitant d'autres parties des mers, on observait les particularités de la vie de différents êtres, et l'on recueillait des indices sur la formation de quelques couches géologiques.

Dans les parages des îles Shetland, la plupart des explorations furent effectuées à des profondeurs variant entre 140 et 275 mètres ; on alla jusqu'à 310 mètres sur un point éloigné de 40 milles de l'île Unst, la plus occidentale de l'archipel. La moisson des êtres microscopiques, comme les rhizopodes, fut considérable ; la récolte des éponges fort abondante. Les zoophytes fournirent un contingent du plus haut intérêt : plusieurs madrépores et différents polypes étaient le sujet de l'étonnement et de l'admiration des investigateurs, de magnifiques oursins se montraient dans une profusion extraordinaire et quelques-uns d'entre eux appartenaient à des types qu'on rencontre surtout dans la Méditerranée. Les mollusques formèrent une nombreuse collection, et pour des naturalistes c'était un spectacle saisissant de voir rapprochées des espèces qui n'avaient jamais été vues que dans les régions arctiques, des espèces qu'on croyait propres à la mer qui baigne l'Europe méridionale et le nord de l'Afrique, enfin des espèces jusqu'alors seulement connues à l'état fossile, et qu'on supposait éteintes. Les crustacés, recueillis en quantité énorme, donnèrent lieu encore à d'importantes observations : tous ceux qui vivent particulièrement au-delà du cercle arctique paraissaient des individus dégénérés ; parmi les plus petits, on remarquait en foule des formes qui avaient échappé à toutes les investigations précédentes. La drague ramena de la profondeur de 80 à 90 brasses quatre espèces de poissons qu'on n'avait jamais pêchées dans les mers britanniques ; deux étaient comptées au nombre des habitants de la Méditerranée ; les deux autres n'avaient encore été observées nulle part.

Dans les parages des îles Shetland, la vie animale est d'une richesse dont on n'a pas d'exemple sur les autres côtes de l'empire britannique. Après chaque campagne, les naturalistes emportaient la conviction toujours plus forte que de longs travaux restaient à exécuter pour obtenir une connaissance complète des êtres répandus sur ce point de l'Atlantique. Jamais on ne fouilla une localité distante de quelques milles des endroits qui avaient été l'objet des explorations les plus minutieuses sans se procurer des espèces qu'on n'avait pas encore vues. Aussi les résultats généraux sont-ils vraiment instructifs. Suivant M. Jeffryes, la profondeur de l'eau exercerait beaucoup moins d'influence sur la distribution des animaux marins que la nature des lieux. Cette proposition, vraie sans doute à l'égard de plusieurs espèces, n'est pas exacte pour nombre de types caractéristiques. L'opinion du savant anglais, combattue par M. Mac-Andrew, s'était fondée sur des faits curieux et néanmoins très particuliers qu'on observe près des îles Shetland. Différentes espèces rares ou communes sont disséminées partout ; mais beaucoup d'autres demeurent confinées sur des espaces extrêmement circonscrits, et fournissent un des traits remarquables de la distribution de la vie dans cette région. Ainsi quelques crustacés appartenant au groupe des crabes à longue queue, pêchés en quantité prodigieuse sur un point, n'ont presque jamais été vus ailleurs. Dans une localité, l'oursin de Norvège (*Echinus norvegicus*) était en telle profusion que la drague s'en trouvait constamment remplie, et dans les autres lieux d'exploration on en rencontrait rarement des individus isolés. Une de ces jolies *étoiles de mer* à rayons divisés qu'on appelle des comatules ou des antéions (*Antedon Sarsii*) était ramassée par milliers dans un endroit éloigné des côtes, et on ne la découvrit pas une seule fois dans les autres parties de la mer où se poursuivaient les opérations. Le même phénomène, qu'il faut attribuer à la nature

Émile Blanchard

du fond, tantôt couvert de roches, tantôt sablonneux ou vaseux, se reproduisit pour une infinité d'animaux.

Les recherches n'avaient encore été poursuivies que sur une bien petite étendue de l'Océan, et déjà, relativement à plusieurs questions dont tout le monde appréciera l'importance, la lumière était faite. Au premier abord, on pouvait s'étonner de voir en grand nombre vers le 60ᵉ degré de latitude nord des animaux de la Méditerranée qu'on n'a jamais rencontrés dans des régions moins froides. Les observations récentes ont permis de reconnaître que ces animaux avaient émigré en suivant une marche à peu près régulière du sud-ouest au nord-est et s'étaient rarement engagés dans le détroit. C'est une preuve de la formation tardive de ce passage ajoutée à tous les indices de l'union du sol de l'Angleterre à celui de la France dans un temps médiocrement reculé. D'une manière très générale, les espèces du midi se montrent dans de plus hautes latitudes sur les côtes occidentales que sur les côtes orientales ; celles qui semblent faire exception ont été portées en premier lieu jusqu'au littoral de la Norvège, et sont redescendues plus tard près des rives de l'Écosse. Les mollusques, surtout répandus dans les régions arctiques et connus ailleurs par des coquilles à l'état demi-fossile, trouvés vivants dans les grandes profondeurs à quelque distance des îles Shetland, annoncent une élévation du lit de la mer dans des localités où ces animaux habitaient autrefois et sans doute un abaissement sur d'autres points. Les espèces découvertes dans les mêmes parages, qu'on supposait éteintes parce qu'on les connaissait seulement par des coquilles plus ou moins abondantes dans des terrains de la période tertiaire, montrent, contrairement à l'opinion reçue, que la vie de beaucoup d'animaux existant à des époques fort anciennes a persisté jusqu'à nos jours. En s'arrêtant à la pensée que l'obscurité règne dans les grandes profondeurs de la mer, l'analogie devait faire naître une supposition peu conforme à la réalité. Les animaux terrestres qui fuient absolument la lumière revêtent des teintes sombres et demeurent privés de la vue ; les animaux marins saisis près des îles Shetland à 150 ou 170 brasses au-dessous de la surface de l'eau comme ceux qu'on péchait en même temps aux îles Lofoten, à 250 ou 300 brasses, et sur la côte d'Amérique, à plus de 500 brasses, ont des couleurs aussi vives, des nuances aussi fraîches que ceux du littoral. Les espèces appartenant

Section II

à des groupes dont les divers représentants possèdent des yeux ne sont pas davantage dans une autre condition. Il faut donc douter des prétendues ténèbres des abîmes de l'Océan.

L'intérêt pour l'étude des fonds de la mer commençait à se propager en Europe. Sur les côtes d'Italie, où chacun est familiarisé avec la vue de tous les beaux animaux que l'on pêche à quelque distance des rivages, des amateurs instruits songèrent à explorer les parties profondes. Par les soins du capitaine Acton, la drague fut promenée dans le golfe de Naples ; elle revint chargée de trésors, et bientôt on put admirer de précieuses collections à Portici chez le docteur Tiberi, à Naples chez le général Stefanis. Dans l'Adriatique, des opérations du même genre avaient été exécutées, et à Zara le docteur Brusina était entré en possession de richesses inestimables. Les auteurs italiens s'empressèrent de décrire les animaux qu'ils voyaient pour la première fois. Ils les croyaient absolument inconnus, parce qu'ils avaient négligé les comparaisons ; on ne pouvait donc rien conclure avant d'être mieux éclairé. Par bonheur, M. Jeffryes, comprenant la nécessité d'avoir des renseignements exacts, fit un voyage en Italie ; il s'assura de la réalité des faits, et tout aussitôt le principal résultat fourni par les recherches effectuées dans l'Adriatique et dans le golfe de Naples fut mis dans son jour. Les êtres qui peuplent le littoral de la Méditerranée, on le sait d'une manière certaine, diffèrent spécifiquement pour la plupart de ceux des côtes de l'Océan. La température et quelques conditions biologiques moins faciles à déterminer varient beaucoup dans les eaux basses, et exercent une grande influence sur la distribution des espèces. Loin de la surface il en est autrement, et l'uniformité de la faune se fait remarquer sur une immense étendue. M. Jeffryes s'est assuré de l'identité très générale des mollusques qui vivent à de grandes profondeurs dans la Méditerranée et dans l'Océan, depuis le 36e jusqu'au 62e degré de latitude. Cette dissémination des animaux donne à croire aujourd'hui que, vers la fin de la période tertiaire, il existait entre les deux mers, du golfe de Gascogne au golfe du Lion, une large communication qui a persisté pendant l'époque glaciaire.

Avant même que les naturalistes de l'Angleterre aient fait les premières tentatives pour connaître la vie animale sur le fond des mers qui entourent les îles britanniques, les recherches étaient

Émile Blanchard

poursuivies avec activité sur les côtes de Norvège, du Finmark, et près des îles Lofoten, situées au-delà du cercle arctique. L'atmosphère du nord, a-t-on dit, crée des adorateurs de la nature. Après un désolant hiver, les charmes de la courte saison d'été inspirent le goût de l'étude de tout ce qui s'offre aux regards. Les observateurs Scandinaves n'ont pas manqué en effet depuis un siècle ; nulle part dans le monde la faune marine n'a été l'objet d'aussi nombreuses recherches que dans la région voisina du cercle polaire. Pendant l'année 1864 et les années suivantes, M. Ossian Sars, le fils du célèbre naturaliste de Bergon, chargé par le gouvernement suédois d'inspecter les établissements de pêche, a exploré avec un grand soin les pâturages des îles Lofoten. À la profondeur de 250 à 600 brasses, où règne une température d'environ 4 degrés, il a recueilli des multitudes d'animaux qui offrent le plus grand intérêt pour la zoologie. Aux îles de Guldbrand près de la pêcherie de Skraaven, située au 68°11' de latitude nord, une encrine ou *lis de pierre* d'un nouveau genre fut prise par la drague ; on la retrouva les années suivantes au voisinage des îles Lofoten à des profondeurs variant entre 80 et 300 brasses,[1] c'est-à-dire 150 et 560 mètres, et l'on put en réunir 75 individus, qui ont été de la part de Michael Sars l'objet d'une belle étude.[2] La découverte de ce type au-delà du cercle polaire est d'une extrême importance. Les encrines, animaux radiaires qui demeurent attachés au fond de la mer par un long pédicule, étaient en nombre prodigieux pendant les anciennes périodes géologiques ; elles furent moins abondantes aux époques plus rapprochées de l'âge moderne. Quelques espèces vivantes d'un genre particulier (*Pentracrinus*) ont été trouvées dans la mer des Antilles et dans l'Océan-Pacifique. D'autre part, on a découvert que les beaux zoophytes désignés sous les noms de *comatules* et d'*antedons* avaient au début de la vie tous les caractères essentiels des encrines. Cette forme infiniment gracieuse est donc une forme de larve ; mais il paraît certain que le développement chez les espèces éteintes, ainsi que chez plusieurs espèces ; actuellement vivantes, s'arrête avant d'être parvenu au terme de la perfection assignée par la nature à d'autres représentants du même groupe. L'encrine de

1 Il s'agit ici de la brasse danoise *favn*, répondant à $1^m,8829$ et par conséquent très peu différente de la brasse anglaise.

2 *Mémoire pour la connaissance des Crinoïdes vivants (Rhizocrinus lofotensis).* — Christiania, 1868

Section II

Lofoten (*Rhizocrinus lofotensis*) est toute petite en comparaison de celle des Antilles : les individus recueillis ne dépassaient pas la hauteur de 8 centimètres, et chez un seul on put apercevoir des traces d'organes de reproduction. De telles circonstances pourraient peut-être donner à craindre que l'animal n'ait pas été vu dans son état adulte ; mais Sars s'est efforcé de réagir contre le doute en se fondant sur ce fait que tous les individus plus ou moins développés pris en différentes saisons ont présenté invariablement les mêmes caractères. La question mérite en effet d'être fixée, car le rhizocrine se rattache par les traits de conformation à une famille (Apiocrinites) dont les espèces éteintes appartiennent à de très anciennes formations géologiques, et, s'il est vraiment adulte, sa présence dans les mers actuelles devient plus instructive.

Le gouvernement suédois a beaucoup favorisé les études des fonds de la mer ; à la fin de l'année 1868, MM. Malmgren et Smitt revenaient à Stockholm d'une quatrième expédition au Spitzberg, rapportant de nombreuses collections d'animaux pris à des profondeurs de plus de 2,000 brasses.

Section III

Aussitôt que furent appréciés les résultats obtenus par M. Ossian Sars dans l'exploration des fonds de la mer, deux zoologistes distingués de l'Angleterre eurent la pensée de faire draguer les parties les plus profondes de l'Océan. M. Wyville Thomson, ayant visité la Norvège, avait été saisi d'étonnement à la vue de la foule des animaux remarquables qu'on avait été pêcher aux alentours des îles Lofoten, et il avait particulièrement admiré le *lis de pierre*, qui appartient à un type dont les derniers représentants, croyait-on, avaient vécu à l'époque de la craie. En même temps, il s'était souvenu que M. Absjornsen s'était procuré, peu d'années auparavant, à 200 brasses au-dessous de la surface de l'eau, plusieurs individus d'une singulière étoile de mer n'ayant de parenté qu'avec des espèces fossiles (du genre *Protaster*). Alors il vit déjà en imagination les merveilleux résultats scientifiques qui surgiraient, si l'on parvenait à étudier les conditions de la vie animale dans les plus grands abîmes de l'Océan. À son tour, M. William Carpenter, l'auteur

Émile Blanchard

d'une multitude de travaux estimés, dominé par cette conviction et très pressé de se mettre à l'œuvre, signale au président de la Société royale de Londres l'intérêt de la question qui s'agite en exprimant le désir, qu'il partage avec son ami M. Wyville Thomson, d'obtenir de l'amirauté la disposition d'un navire. Le vœu est transmis sans retard, et peu de jours après le secrétaire de l'amirauté répondait au président de la Société royale que la demande du docteur Carpenter et du professeur Thomson était accueillie, et que les prescriptions étaient transmises à Pembroke pour que le bateau à vapeur l'*Éclair* (Lightning) fût immédiatement préparé en vue des opérations qu'on se proposait. Le 11 août 1868, MM. Carpenter et Thomson partaient ainsi du port de Stornoway sur un bon navire pourvu des dragues et des appareils de sondage nécessaires à l'expédition.

Les investigateurs qui avaient exploré avec un grand succès les parages des îles Hébrides et surtout des îles Shetland, disposant de moyens assez faibles, n'avaient encore atteint que des profondeurs médiocres. Cette fois, il s'agissait d'aller beaucoup plus loin, et de donner aux recherches un nouveau caractère de précision en déterminant la température sur les fonds où seraient recueillis les plantes et les animaux. On se dirigea vers les îles Féroé ; mais malheureusement la saison était trop avancée pour faire une longue campagne sous les climats du nord. Aussi les deux naturalistes regardaient-ils l'expédition comme un premier essai dans la voie des explorations à d'immenses profondeurs. Dans l'espace d'un mois, on ne compta pas plus de neuf jours favorables pour draguer en pleine mer, et quatre fois seulement on atteignit à plus de 500 brasses. Cependant l'expédition permit d'observer plusieurs faits intéressants relatifs à la physique du globe et aux conditions de la vie animale dans l'Océan, de rectifier des erreurs sanctionnées par de véritables autorités, et d'établir un fondement pour des recherches plus étendues propres à fournir la solution de certaines questions générales.

Les premiers jours après le départ, la brise empêche toute opération ; mais le calme étant un peu revenu à l'approche des bancs des Féroe, on juge utile, afin d'avoir des termes de comparaison, de reconnaître les espèces qui vivent à des profondeurs moyennes. La drague porte à 110 mètres et, comme la position géographique devait le faire penser, on trouve une faune qui ressemble en même temps à celle des mers britanniques et à celle de la mer du Nord. Abandonnant cette station, on s'engage dans le canal qui sépare de l'Écosse les îles Féroé ; le fond est à 915 ou 930 mètres, et en cet endroit la température s'élève à peine au-dessus de zéro, tandis qu'à la surface elle est à 10°,5 du thermomètre centigrade. Sous région froide, dans cette nature pauvre, les animaux sont peu abondants ; mais par le nombre il n'y a néanmoins aucune prédominance des types inférieurs sur les types plus élevés en organisation : les rhizopodes sont d'une extrême rareté. On descend un peu vers le sud, et par 59°36', à la profondeur de 969 mètres, l'eau est à la température de 8°,5. Ici la scène change ; sur une vase tenace contenant des foraminifères et des éponges, on rencontre des animaux de tout genre et entre autres deux individus du fameux rhizocrine de Lofoten.

Après un retour au point de départ, devenu nécessaire pour réparer le navire et les appareils, M. Carpenter entreprend une nouvelle croisière dans les mêmes parages avec l'espoir de rencontrer quelque vallée très profonde. De ce côté, le succès fut encore médiocre ; aux endroits les plus favorables, où il y avait toujours abondance d'êtres vivants, le lit de la mer était à 1,000 ou 1,100 mètres au-dessous de la surface de l'eau, et on aurait voulu davantage ; mais, l'automne arrivé, on ne pouvait plus longtemps tenir la mer, et la suite des opérations se trouvait forcément remise à une autre époque. Malgré les circonstances contraires, les résultats de la première campagne aux alentours des îles Féroé offraient déjà une importance réelle. Les opérations régulières ayant été poussées plus loin que dans les précédentes explorations, on avait désormais la certitude que, dans les abîmes de l'Océan, la vie animale n'est pas un accident. L'existence constatée d'une large zone, où la température du fond est à peine au-dessus du degré de congélation de l'eau douce, dans une région où, à égale profondeur (914 mètres), l'eau reste presque aussi chaude qu'à la surface, est singulièrement instructive. En rapprochant ce fait des observations antérieures sur les courants qui descendent du pôle et envahissent les eaux du *gulf-stream* entraînées vers le Spitzberg, certaines particularités de la distribution de la vie animale se trouvent expliquées. La découverte, due à M. Huxley, d'un organisme

Émile Blanchard

d'ordre inférieur dans la vase rapportée des grandes profondeurs où l'on ne découvre aucune végétation force l'esprit à s'arrêter sur une question neuve ; les observateurs sont disposés à croire que cet organisme sert à la subsistance des êtres microscopiques et tire lui-même ses éléments nutritifs de matières minérales. L'analogie entre la vase pleine de globigérines et les dépôts crétacés, déjà reconnue, a pris le caractère de la certitude, car des animaux recueillis sur cette vase, éponges, polypiers, mollusques du groupe des térébratules, petite encrine de Lofoten, n'ont de ressemblance étroite qu'avec des espèces des terrains crétacés. MM. Wyville Thomson et William Carpenter pensent donc avoir la preuve que la formation de la craie se continue actuellement dans le lit de l'Océan. Or une semblable preuve doit être féconde en enseignement. En effet, combien serait vaine, remarquent les deux naturalistes, toute déduction tirée de la rareté des restes organiques dans une couche sédimentaire, en vue de déterminer à quelle profondeur cette couche s'est constituée ! Par suite de la température et de la force des courants, la vie animale sera presque absente, aussi bien sur le littoral que dans les profondes vallées sous-marines. Comme le démontrent les observations faites près des îles Féroé, deux dépôts caractérisés par des éléments minéraux et des êtres organisés absolument différents peuvent s'effectuer à peu de distance l'un de l'autre et même se pénétrer sous l'action des courants. Qu'un jour ces dépôts se trouvent émergés, en suivant les voies ordinaires des géologues, on attribuerait sans doute à des époques distinctes ce qui a été formé simultanément, à des inégalités de profondeur ce qui a dépendu d'un courant polaire et d'un courant équatorial.

Il existait, on le voit, de bien puissants motifs pour apporter une véritable ardeur dans la poursuite des recherches sous-marines. Aussi tout avait été préparé en vue d'un nouveau voyage, et au printemps de l'année 1869 le vaisseau de l'état le *Porc-Épic* (*the Porcupine*) était mis à la disposition des investigateurs. Trois campagnes successives favorisées par le temps furent effectuées durant le cours de la belle saison. Dans la première, dirigée par M. Jeffryes, on gagna la haute mer à l'ouest des îles britanniques pour remonter ensuite vers le nord, et cette fois on eut l'occasion de draguer jusqu'à la profondeur de 1,476 brasses ou 2,700 mètres. Dans la seconde expédition, entreprise par M. Wyville Thomson,

Section III

la drague fut descendue avec succès à 2,345 brasses ou 4,288 mètres, une profondeur presque égale à la hauteur du Mont-Blanc. Un fait capital pour l'histoire physique du monde, déjà presque certain, se trouvait absolument démontré ; la science permettait de dire : la vie est répandue à profusion dans les plus grands abîmes de l'Océan-Atlantique, au milieu de la vase remplie de globigérines fourmillent les êtres les plus variés. Les naturalistes firent une moisson du plus haut intérêt : mollusques, annélides ou vers marins, crustacés, zoophytes de la classe des échinodermes, rhizopodes, éponges, recueillis en ces lieux, amènent la lumière sur une infinité de sujets. Parmi les mollusques, M. Jeffryes a compté cinquante-six espèces qui n'avaient jamais été observées ; il en a reconnu sept qu'on croyait éteintes pendant la période tertiaire. Les oursins et les étoiles de mer ont formé un ensemble des plus remarquables. Plusieurs d'entre eux qui habitent les régions arctiques se trouvaient en abondance ; une grande et magnifique étoile de mer du genre des comatules (*Antedon Eschrichtii*), découverte il y a peu d'années près des rivages de l'Islande et du Groenland, attirait l'attention des investigateurs. Les échinodermes des régions méridionales étaient rares, et se faisaient remarquer par un amoindrissement de taille vraiment extraordinaire. Tout dénote ainsi l'influence de la basse température qui règne dans, les profondeurs où ces animaux avaient été péchés. Il y avait encore les espèces qu'on voyait pour la première fois, et dans le nombre une encrine appartenant au même groupe que le rhizocrine de Lofoten, un singulier oursin, offrant une extrême ressemblance avec un type fossile de la craie. Quant aux foraminifères ou rhizopodes, c'étaient des légions où l'on distinguait des formes inconnues et des formes jusqu'ici regardées comme caractéristiques des terrains crétacés.

La troisième excursion du navire le *Porc-Epic* eut lieu aux endroits visités l'année précédente entre l'Écosse et les îles Féroé. M. Carpenter voulait compléter les études sur la température des différentes zones. Multipliant les observations, il est arrivé à reconnaître l'étendue de la zone froide, la marche de la décroissance de la température, depuis la surface jusqu'au fond, dans la région chaude et dans le courant polaire, à préciser enfin les conditions de la mer qui exercent. la plus grande influence sur la distribution de la vie animale. La saison avait été bien employée.

Émile Blanchard

De l'autre côté de l'Atlantique, on se livrait, avec une égale fortune à l'exploration de la mer. Pendant les années 1867 et 1868, des ingénieurs hydrographes de la marine des États-Unis exécutant des travaux pour déterminer la profondeur du *gulf-stream*, la direction du courant, la température des eaux, M. F. de Pourtalès prit part aux expéditions dans le dessein de faire une étude de la faune sur les fonds compris entre la Floride et la Havane. Les premières opérations eurent lieu sur le bord du *gulf-stream* du côté de la Floride à des profondeurs qui n'excédaient pas 90 à 100 brasses. On récolta une foule d'animaux d'espèces inconnues. Les recherches furent dirigées ensuite sur des points plus rapprochés de la Havane, où le fond se trouvait à des distances de 250 à 500 brasses (environ 450 à 900 mètres). Dans les plus grandes profondeurs qui aient été atteintes par la drague, on trouva la vase remplie de foraminifères et surtout de globigérines, qui paraît couvrir une très grande étendue du lit de l'Océan, et avec cette vase l'abondance de la vie animale déjà constatée dans les mers d'Europe, mais représentée en général par des formes particulières.

Si plusieurs de ces espèces étaient déjà inscrites dans les inventaires de la nature, c'est que parfois des individus isolés, jetés près des rivages au moment de la tempête, avaient été recueillis. Comme exemple curieux, une magnifique coquille du genre des volutes peut être citée. La volute queue de paon (*Voluta junonia*), signalée pour la première fois en 1780, est demeurée si rare depuis cette époque, que récemment encore un beau spécimen n'aurait sans doute pu être acquis à moins de 1,000 ou 1,500 francs. La fameuse volute si estimée des amateurs a été prise en abondance sur la station qu'elle habite : le lit du *gulf-stream*. Les précieuses collections formées par M. de Pourtalès pendant les campagnes scientifiques de 1867 et de 1868 ayant été portées au musée de Cambridge, M. Agassiz, fort émerveillé en voyant un pareil ensemble de productions naturelles, resta surtout frappé du caractère d'une foule d'animaux qui ont une ressemblance plus grande avec les types de la période crétacée tertiaire qu'avec les espèces actuellement vivantes sur le littoral. L'éminent naturaliste reconnaissait une vérité déjà mise en lumière à son insu par les observations faites en Europe, et il se persuadait justement que le *gulf-stream* possède une faune bien distincte de celle des autres parties de l'Océan. Ici, comme dans le canal des îles Féroé, l'influence de la température sur la distribution de la vie animale est manifeste.

En 1869, les études des hydrographes américains devaient porter sur un point du grand courant atlantique, situé un peu à l'est, entre la Havane et la Floride ; M. de Pourtalès continua les explorations à la drague avec le même succès que les années précédentes, et M. Agassiz, qui s'était joint à l'expédition, a tracé le tableau de la scène, « La profusion et la variété de la vie animale en cet endroit m'a étonné, dit-il, non-seulement par la singularité des types, mais encore par le nombre prodigieux des individus de chaque espèce ; la drague remontait des grandes profondeurs, chargée et encombrée de créatures vivantes, c'était un spectacle rare et émouvant pour un naturaliste. » Près du plateau semé de madrépores et de coraux, et si peuplé d'animaux de tout genre, le fond de la mer s'abaisse très sensiblement, et alors la drague ramasse, à la profondeur de 500 à 800 brasses (900 à 1,460 mètres), cette vase chargée d'innombrables foraminifères qui rappellent tous les caractères de la craie. Sur ce terrain, la faune s'est montrée plus pauvre qu'on pourrait le supposer après les observations faites aux alentours des îles britanniques. Les recherches effectuées dans le lit du *gulf-stream* devaient aussi jeter quelque jour sur les anciens phénomènes géologiques. Avec la pénétration dont il a si souvent donné la preuve, M. Agassiz a tout de suite indiqué ce qu'il est permis d'attendre de l'étude des fonds de la mer pour la connaissance de l'écorce terrestre. Les caractères des matériaux accumulés dans les profondeurs de l'Océan étant reconnus avec exactitude, n'aura-t-on pas en effet un guide incomparable pour déterminer les conditions dans lesquelles ont été formés autrefois les dépôts sédimentaires ? Sans perdre un instant, le célèbre professeur de Cambridge a puisé dans les observations sur le lit du *gulf-stream* et dans les récentes découvertes des comparaisons pour mettre en relief ou les incertitudes ou les erreurs au sujet du mode de constitution de certaines couches géologiques, et pour réunir des preuves de l'existence d'un canal entre l'Océan-Pacifique et l'Atlantique pendant la période crétacée.

Ainsi seulement après quelques années d'études dans une voie jusqu'alors inexplorée, les connaissances sur le monde de la mer s'étaient augmentées dans des proportions inouïes. Qu'elle semble

Émile Blanchard

donc loin maintenant cette croyance, hier encore acceptée, d'un océan où le désert commence à peu de distance des rivages ! En réalité, la vie est répandue presque partout dans les mers, ici à profusion, là en moins grande abondance ou même en quantité très réduite. Les plus grands abîmes sont aussi peuplés que les eaux assez basses. Les types les plus parfaits ne sont pas moins représentés à toutes les profondeurs que les types de l'organisation la plus simple. En tous lieux, les habitants de la mer offrent une égale diversité de coloration, et si loin que la drague a été descendue, elle a rapporté des animaux parés des plus fraîches nuances, où dominent peut-être le rouge violet, la teinte orange, le vert pâle, et des espèces pourvues d'organes de vision parfaitement conformés. Cependant les animaux qui vivent dans l'obscurité ont invariablement des couleurs sombres, des yeux atrophiés ; la lumière éclaire donc le lit de l'Océan. Les calculs relatifs aux énormes pressions de la masse des eaux regardées comme inconciliables avec l'existence d'êtres organisés n'ont plus aucune valeur : sur des corps renfermant des liquides et non de l'air, nulle pression de l'eau n'est à redouter. Aujourd'hui ces faits sont entrés dans le domaine de la science.

Sous une infinité de rapports, les résultats acquis par les explorations du lit de l'Océan sont immenses, et ils paraîtront plus considérables encore lorsque tous les matériaux recueillis auront été parfaitement étudiés. Les connaissances sur différents groupes zoologiques se trouvent fort étendues par la découverte d'un grand nombre d'espèces remarquables. Une révélation semble avoir été faite quand on a démontré l'existence des mêmes animaux dans les profondeurs de la Méditerranée et du nord de l'Atlantique. — Chaque région ayant sur le littoral une faune particulière, on ne prévoyait pas d'exception. Il est donc très intéressant d'avoir constaté l'action des courants et l'influence de la température sur la dissémination des êtres. On réclame à présent la comparaison rigoureuse des espèces recueillies près des côtes d'Amérique avec celles qui ont été observées dans l'Europe boréale, car certains indices donnent à croire que sur le parcours du *gulf-stream* la faune change peu. Un fait à nos yeux bien étrange constaté par tous les explorateurs, c'est l'absence des végétaux et l'abondance des animaux dans les grandes profondeurs de la mer. Sans doute des organismes fort simples appartenant au règne animal ont la faculté

Section III

de vivre à la manière des plantes en absorbant par les tissus des matières salines ; mais le sujet appelle l'observation et l'expérience, et l'on n'a encore que la probabilité. La découverte d'espèces qu'on croyait éteintes et la reconnaissance de la formation de la craie sur de vastes étendues du lit de l'Océan sont particulièrement précieuses, car elles procurent des moyens nouveaux pour recomposer l'histoire de notre planète. En présence de tels résultats obtenus par des recherches exécutées dans un court espace de temps et seulement sur quelques points du globe, il est impossible de prévoir à quel degré parviendra la science quand on aura poussé les investigations dans les différentes parties du monde : mais on est bien assuré que le travail sera productif, et rien ne semble plus désirable qu'une grande entreprise.

ISBN : 978-1539627944

Émile Blanchard